LE PROJET

DE

CODE FORESTIER

DE L'AN IV

PAR

P. WEYD

Inspecteur-Adjoint des Forêts

Extrait de la *Revue des Eaux et Forêts* du 15 Septembre 1905.

LE PROJET DE CODE FORESTIER DE L'AN IV

Pendant toute la période révolutionnaire, aucun projet de Code forestier ne put aboutir ; cependant, les différentes Assemblées votèrent de nombreuses lois, qui ne furent pas toujours parfaites, mais qui enfin virent le jour. Pourquoi cette partie de la législation fut-elle pour ainsi dire laissée de côté, alors qu'une loi sur la matière était d'autant plus urgente, que l'Ordonnance de 1669 renfermait bien des dispositions abrogées par la nuit du 4 août ? Le mot de l'énigme se trouve dans un rapport, présenté par le représentant Poullain-Grandprey, le 16 ventôse an VII :

« C'est le système de l'aliénation qui a retardé la discussion du projet d'organisation forestière à l'Assemblée constituante, assez longtemps pour que la loi, qu'elle a rendue dans les derniers jours de sa session, ne pût recevoir son complément ; c'est le système de l'aliénation qui a fait suspendre l'exécution de cette loi par l'Assemblée législative ; c'est le système de l'aliénation qui, dans les premiers temps de la Convention, a écarté, sans discussion, avant aucune lecture à la tribune, un projet qui était le résultat d'un travail de onze mois et des délibérations successives de sept comités ; c'est le système de l'aliénation qui a fait ajourner, jusqu'en vendémiaire an IV, un autre projet assis sur les mêmes bases que le premier, mais dont la brièveté devait abréger la discussion que les événements de ce mois célèbre ont rendue impossible ; c'est enfin le système de l'aliénation qui a fait interrompre celle qui avait occupé, dans les premiers mois de l'an V, la législature actuelle. Les partisans de l'aliénation se reproduisent sous toutes formes ; c'est toujours sous l'apparence de l'intérêt général qu'ils se présentent aux législateurs et aux premiers magistrats de la République » (pp. 8 et 9).

Déjà, le 6 août 1790, l'Assemblée constituante s'était prononcée contre l'aliénation des forêts. La loi du 29 septembre 1791 fut votée pour la réorganisation de l'Administration forestière ; mais l'Assemblée législative en suspendit l'exécution, le 11 mars suivant. On s'était contenté de mettre les forêts sous la garde de la municipalité. Singulière garde ! Les débats révolutionnaires sont pleins des doléances des représentants des départements forestiers à cet égard. Le 13 frimaire an III, Beffroy demande que les comités de l'agriculture et législation s'occupent de l'organisation forestière : « Car il règne les plus grands abus, il se commet les plus grandes dilapidations dans cette partie. » (*Moniteur*. Réimpression, XXII, p. 658.) Le Code des délits et peines du 3 brumaire an IV prévoyait le remaniement de la législation (art. 6015).

La loi de 1791 est connue ; elle se trouve dans tous les Bulletins des lois ; le rapport qui la précède est très court et n'offre pas d'intérêt. D'autre part, nous n'avons pu mettre la main sur les projets élaborés sous la Convention. Nous étudierons seulement le projet de l'an IV.

Nous avons trouvé le texte législatif proposé ainsi que le rapport qui le précède dans une brochure in-8° de 63 pages sortie de l'Imprimerie Nationale en thermidor an IV, qui se trouvait dans les archives du cantonnement de Sainte-Menehould et dont nous devons la communication à la bonne camaraderie de M. l'inspecteur adjoint Margaine.

Le 4 frimaire IV, les forêts furent placées sous la direction de la Régie de l'Enregistrement et du Domaine national. Le 9 du même mois, le Directoire adressait au Conseil des Cinq-Cents le message dont la teneur suit :

« Citoyens législateurs, la législation forestière appelle votre attention, il est indispensable d'apporter à l'Administration des forêts des changements qui enfin assurent leur conservation.

« Plusieurs plans ont été soumis à la Convention Nationale ; vous pouvez, législateurs, vous les faire représenter ; ils contenaient des vues que vous apprécierez dans votre sagesse. Il importe aux besoins de la marine, à ceux de tous les Français, à la richesse publique, que cette intéressante partie du domaine national soit dorénavant préservée des dilapidations dont les exemples se sont multipliés jusqu'à ce jour, et qu'elle soit administrée de manière à porter ces produits au degré d'amélioration dont ils sont susceptibles.

« Le Directoire exécutif vous invite, citoyens législateurs, à prendre promptement cet objet en considération. » (*Moniteur*, réimpression, XXVI, p. 59.)

Le 22 frimaire, le Conseil des Cinq-Cents nomma une commission, chargée de présenter un projet de résolution relative à l'administration forestière. Nous n'avons pas trouvé trace dans le *Moniteur* de cette nomination ; nous ne connaissons que le rapporteur, qui était le représentant Alexandre Besson, et un membre, Boudin.

Le rapport offre un certain intérêt.

Après avoir fait ressortir l'importance des forêts, tant au point de vue économique qu'au point de vue financier, ce document donne l'histoire sommaire des bois sous l'Ancien Régime.

Arrivé à la période révolutionnaire, il nous trace le tableau désolant des dévastations, dont la richesse forestière de la France fut alors l'objet :

« Depuis la révolution, une licence criminelle a multiplié les dévastations dans les forêts : on a vu des attroupements s'y porter en force et en armes; des communes entières, rompant tout à coup les liens qui les tiennent unies aux autres parties de la République, ont, de leur propre autorité, coupé des quarts de réserves encore éloignés de l'âge où l'intérêt public attendait leurs produits; d'autres en ont obtenu la coupe des autorités supérieures, sur l'allégation de motifs supposés.

« L'état d'existence précaire, dans lequel se trouvent depuis 4 ans les officiers forestiers, a ralenti leur surveillance, dans un temps où elle devenait plus que jamais nécessaire.

« Les gardes, ne trouvant plus dans leurs salaires de quoi satisfaire à leurs premiers besoins, ont la plupart abandonné les forêts; d'autres en sont devenus eux-mêmes les dévastateurs; ceux qui, ayant quelque autre ressource, sont restés attachés à leur état, ont éprouvé presque partout des tracasseries des municipalités de campagne qui devaient les protéger, et qui, au contraire, leur refusaient des certificats de civisme, lorsqu'ils ne fermaient pas les yeux sur les délits.

« La consommation extraordinaire pour les préparatifs de la guerre a exigé des anticipations de coupes. Ce mal, nécessité par les circonstances, s'est singulièrement aggravé par la mauvaise exécution; il n'y a eu ni ordre ni ensemble : dans beaucoup d'endroits, on a coupé ce qu'il fallait conserver; dans d'autres, on a coupé quatre fois plus que les moyens de transport ne le pouvaient comporter ; dans plusieurs forêts, les bois périssent sur place, nuisent aux recrûs et y occasionneront un dégât considérable lorsqu'on les enlèvera.

« Je ne finirais pas le tableau affligeant des mauvaises opérations qui se sont faites dans les forêts, si je voulais vous retracer tout ce que l'inexpérience et la cupidité y ont commis de bévues ou de délits depuis quelques années » (pp. 5 et 6).

Les remèdes proposés par la Commission étaient les suivants :

1º Réunion de toutes les forêts sous la surveillance et la direction d'une Administration unique pour le pays. « Je ne crois pas avoir besoin d'entrer dans tous ces détails, pour vous faire sentir la nécessité de faire correspondre à un centre commun toutes les opérations de l'Administration des forêts. L'inégalité de la répartition des bois (sur le sol de la République) fait assez connaître qu'il faut être au centre pour saisir sur l'excédent d'un canton de quoi combler le déficit d'un autre » (p. 6);

2° L'emploi, pour le chauffage, et surtout pour l'industrie, des autres combustibles que le bois, tel que la houille et la tourbe; la statistique donnée par la commission n'est pas complète, mais des renseignements généraux qu'elle fournit, il résulte l'insuffisance du bois en France; d'où la nécessité d'encourager la recherche et l'exploitation des mines de houille;

3° Le transport dans les lieux de consomnation des bois de futaie, qui autrefois, faute de moyen de vidange, étaient employés comme chauffage dans les salines ou les forges, sera rendu possible par la création d'un réseau de canaux; ces canaux permettront d'un autre côté d'apporter aux usines leur combustible sous forme de houille et de tourbe;

4° Imposer l'obligation aux places fortes, presque toutes voisines de mines de houille, de remplacer le bois par ce combustible;

5° Connaître les statistiques des forêts, leur emplacement, leurs ressources et leurs produits. Ici l'auteur du rapport est conduit à donner quelques notions d'aménagement, que nous croyons assez curieuses pour être reproduites en entier.

« Il est difficile de trouver un homme assez habile pour dire, à l'inspection du terrain et de l'essence du bois, à quel âge il aura atteint le maximum de son produit; Buffon lui-même a laissé ce problème à résoudre; Réaumur indique une manière, qui joint à l'impossibilité d'exécution à l'inexactitude dans les résultats : elle consiste à couper, peser tous les ans le produit de quelques arpents de bois, pour comparer l'augmentation annuelle, et reconnaître au bout de quelques années l'âge ou le décroîtement commence.

« Varenne Fenille présente une méthode plus facile, la voici :

« 1° Dans un arpent de taillis, choisissez vingt brins (ou tel nombre que vous voudrez) de diverses grosseurs et différentes essences; vous les désignerez, numéroterez et décrirez, de manière qu'on les reconnaisse aisément les années suivantes;

« 2° Mesurez le diamètre de chacun d'eux, à l'aide d'un compas courbe; prenez votre mesure constamment à la même hauteur (à trois pieds par exemple), et, comme les arbres ne sont jamais parfaitement ronds, mesurez-les par leur plus grand diamètre, l'opération est plus aisée;

« 3° Carrez chacun de ces diamètres;

« 4° Additionnez les vingt produits, formez-en un total;

« 5° Divisez ce total par le nombre de brins choisis;

« 6° Divisez le quotient de votre première division par le nombre des années du taillis; ce dernier nombre ou second quotient vous donnera la moyenne du taillis pendant les années qui ont précédé le mesurage ;

« 7° Recommencez la même opération une année après et à la même époque comparez les deux quotients de l'article 6, leur différence vous donnera au juste l'accroissement du taillis pendant la dernière année.

« Cette opération ne présente aucune difficulté et peut s'appliquer à toute espèce de bois, soit en masse, soit individuellement; elle peut être de la plus grande utilité aux agents forestiers qui seront chargés du nouvel aménagement des Forêts de la République.

« Les plans doivent aussi être l'objet de l'attention des administrateurs; les dépôts publics en renferment un grand nombre; le citoyen Chanlaire [1] en a rassemblé beaucoup. »

D'après l'estimation du rapporteur, les forêts occupent le dixième de la superficie de la France ;

6° Le maintien des forêts dans le domaine de la nation. L'aliénation aurait pour résultat immédiat le défrichement, ou tout au moins la diminution du matériel. Les futaies vendues ont presque toutes été transformées en taillis. « Proposer la vente de toutes les forêts de la République, c'est proposer la destruction totale des bois de construction en France. » La rareté des bois les rendra plus chers, mais cela n'empêchera pas le propriétaire de les réaliser; d'ailleurs les vicissitudes de la fortune pourront l'y obliger. Sur ce point, le rapporteur termine par une remarque pleine de bon sens, qui résume la question de l'aliénation.

«Si les forêts exigeaient une manutention journalière et tous les détails de l'agriculture, ces soins enfin qui n'appartiennent qu'à l'homme intéressé au succès de sa propriété, il faudrait les affermer ou les vendre; les administrations publiques, pour de semblables objets, sont toujours ruineuses : mais les forêts n'ont besoin, pour prospérer, que d'être aménagées conformément aux principes et préservées de l'abroutissement et des dilapidations.

« L'aliénation des forêts serait donc évidemment contraire à l'intérêt public, puisqu'elle diminuerait les produits ordinaires par l'accélération des coupes, anéantirait en peu de temps nos ressources en bois de construction et rendrait impossible un aménagement proportionné à nos besoins; »

7° Les semis et les plantations effectués dans les vagues des forêts qui comprennent plus du vingtième de leur surface;

---

1. — Chanlaire fut nommé chef du 2° bureau de l'Administration centrale ; il conserva cette situation jusqu'à la suppression, en 1817.

8° « Il faut que le législateur éveille dans l'âme de ses concitoyens les sentiments de générosité qu'ils doivent à leurs successeurs. » C'est là un argument digne d'un Conventionnel ; quoiqu'il cite l'exemple des Tartares du Daghestan, nous doutons que jamais l'Etat obtienne dès résultats à cet égard ;

9° Le reboisement des montagnes, pour en fixer le sol et éteindre les torrents. « On connaît beaucoup de vallons, en, France, dont les coteaux étaient autrefois très fertiles, tandis qu'aujourd'hui, dépouillés de terre végétale, ils présentent l'aspect hideux et affligeant de la stérilité. Ils furent couronnés d'arbres, dont les racines servaient de digue aux torrents formés des grandes pluies, ou de la fonte des neiges : ces vieux protecteurs, abattus par l'ingratitude, n'ont laissé que des racines pourries, faible ou plutôt inutile obstacle aux ravines impétueuses dont la force a successivement entraîné toutes les terres, jusqu'au rocher ou à l'argile. Ce n'est qu'en replantant le sommet de ces coteaux qu'on peut espérer quelques succès des soins qu'on prendra pour les rétablir ;

10° Le boisement des dunes pour les fixer ; on pourra créer depuis Arcachon jusqu'à Bayonne une forêt de 140 lieues de long sur une lieue et demie de large. Les résultats sont satisfaisants, mais le gouvernement seul peut entreprendre un pareil travail : le citoyen Brémontier, ingénieur en chef des ponts et chaussées à Bordeaux, pourra donner les renseignements nécessaires ;

11° La plantation d'arbres sur le bord des routes ; on pourra ainsi avoir près d'un million de pieds ;

12° Le reboisement des pâturages sur lesquels on plantera des arbres traités en émondes ;

13° Enfin la création d'une administration spéciale pour la conservation des forêts. Le rapporteur s'élève contre l'idée de la réunir à l'Administration des domaines : « Un des grands défauts de l'ordonnance de 1669 est de n'avoir confié les fonctions forestières supérieures qu'à des hommes de loi, qui regardaient, la plupart, comme au-dessous d'eux les opérations de détail, qui doivent se faire dans l'intérieur des forêts.

La brièveté de l'existence de l'homme est la principale cause du retard de nos connaissances forestières.

L'auteur trace le programme suivant des occupations du service forestier :

« La première opération est d'apposer l'assiette de cette coupe, c'est-à-dire d'en faire le mesurage et la délimitation, marquer sur toutes les faces, selon que la figure des coupes le demande, les arbres de parois et de lisières.Cetteopération, pour 3.000 arpents, exigera plus dedeux mois ; celle du martelage des baliveaux, en supposant que deux agents s'en occupent, ne pourra se faire en moins de deux autres mois. Les agents doivent faire l'estimation de toutes les coupes à vendre, celle des chablis, des bois coupés en délits, celle des ouvrages à faire dans les forêts, tels que dessèchements, semis, plantations, réparations de chemins, de ponts, de fossés, de clôture, etc.

« Tous les mesurages sont constatés par des plans et toutes les autres opérations par des procès-verbaux; ils indiquent à l'Administration centrale les ventes à faire, lui présentent les cahiers des charges, font procéder aux adjudications, surveillent l'exploitation des coupes adjugées, ou font faire les récolements, dirigent la conservation de toutes les forêts et arbres épars, constatent les délits qui s'y commettent, en poursuivent la punition par devant les tribunaux, entretiennent la correspondance suivant la hiérarchie établie entre eux, conformément aux instructions de l'Administration centrale. »

Les forêts produisent 32.491.842 livres et les dépenses occasionnées par l'Administration s'élèvent à 2.956.000 livres.

Abordons l'étude du projet de loi.

Le titre premier concerne les dispositions générales et provisoires.

Toutes les forêts et arbres épars, appartenant à l'Etat ou aux communes, sont soumis au régime forestier.

L'exportation des bois est interdite.

La statistique de la consommation des bois et du produit des usines de houille et tourbières sera établie le plutôt possible. La reconnaissance, l'arpentage, la délimitation et l'aménagement des forêts de l'Etat seront entrepris aussitôt.

Les aménagements devront être approuvés par le Corps législatif.

Le Directoire prendra les mesures nécessaires pour favoriser l'usage de la houille et de la tourbe dans les usines, pour substituer à l'emploi des bardeaux celui de la tuile, il rendra compte de ses efforts.

En attendant l'approbation de l'aménagement, il sera réservé dans les coupes par arpent 24 baliveaux, 4 modernes et 4 anciens.

Les quarts en réserve des biens ecclésiastiques et communaux ne pourront être coupés que par une décision approuvée par le Directoire.

Les forêts de résineux seront traitées en futaies par la méthode du jardinage.

Le titre II prévoit la création d'une administration dépendant du ministère des Finances et comprenant :

1° Trois administrateurs, assistés d'un secrétaire en chef ;

2° Un service extérieur divisé en conservations, d'un étendue de 300 à 400 myriares.

Chaque conservation comprend un conservateur, deux inspecteurs, quatre sous-inspecteurs et deux arpenteurs et le nombre de gardes nécessaire à raison de un par 1.000 arpents. Les administrateurs sont nommés par le Directoire, les agents par le ministre et les gardes par l'Administration ; les attributions de chacun étaient sensiblement les mêmes qu'aujourd'hui.

Obligation pour les officiers publics de déférer aux réquisitions, sous peine de destitution ; défense aux fonctionnaires d'exercer aucun état.

Tous les agents forestiers et les gardes porteront, dans l'exercice de leurs fonctions, une marque ostensible distinctive de leur qualité telle qu'elle leur sera désignée par le Directoire exécutif.

Titre III. Des marteaux. — Chaque agent a son marteau ; il n'y avait pas de marteaux de l'Etat.

Titre IV. Des Adjudications. — Ce titre n'offre rien d'extraordinaire ; le lieu varie suivant l'importance de la vente ; affichage ; cahiers de charges et de clauses spéciales ; vente à l'extinction des feux ; production de caution et certificateur de caution ; paiement d'un droit de deux sous par livre ; les difficultés qui peuvent s'élever sont tranchées par les administrations du département ; recouvrement par les Domaines ; responsabilité de l'ouie de la cognée.

Titre V. Récolements, faits par les conservateurs.

Titre VI. Poursuite des délits. — L'Administration ne poursuit pas elle-même ces délits ; les procès-verbaux sont remis au commissaire du Directoire exécutif près l'administration municipale. La compétence varie suivant l'importance de la peine : au-dessus de la valeur de trois journées de travail ou trois jours d'emprisonnement, le tribunal correctionnel prononce ; au-dessous, c'est le tribunal de simple police. Les objets saisis sont confisqués : les questions de propriété sont de la compétence des tribunaux civils ; les amendes sont recouvrées par les Domaines.

Titre VII. Bois communaux. — Existence d'un corps d'agents et de gardes sous l'autorité de l'administration centrale. Nécessité de l'autorisation de l'administration pour l'exploitation de toutes les coupes ordinaires ou extraordinaires.

L'affouage sera réparti entre les habitants des communes par ménages, suivant le nombre des individus au-dessus de 10 ans qui les composent ; le maronage sera distribué suivant l'étendue du sol des maisons.

Imposition d'une taxe de 1 fr. 50 par hectare pour le salaire des agents et gardes.

Titre VIII. Bois des particuliers. — Obligation pour les propriétaires 1º de conserver leurs forêts d'une étendue supérieure à 10 arpents; 2º de céder au gouvernement, contre argent, les bois propres au service de la marine.

Défense de couper les bois de haute futaie sans autorisation.

Les gardes particuliers sont reçus par l'Administration municipale du canton; ils ont les mêmes qualités que les gardes nationaux, et sont tous sous la surveillance des agents forestiers.

Titre IX. Repeuplements. — Tous les terrains vagues des forêts de l'Etat et des communes seront reboisés.

Il sera fourni un état des améliorations diverses à effectuer; cet état sera présenté au Corps législatif, qui votera les fonds convenables.

Pour les forêts communales, les améliorations seront payées par le prix des bois; il sera différé à leur exécution, jusqu'au moment où il y aura des coupes disponibles.

L'Administration fera planter, sur les deux bords intérieurs des bermes, les arbres convenables. Ceux qui sont plantés actuellement à l'extérieur des dites bermes seront conservés jusqu'à ce qu'il y ait lieu de les remplacer, ce qui se fera alors dans l'intérieur.

Les pâturages et autres terrains communaux seront reboisés.

Des commissaires nommés par l'administration des départements exerceront une surveillance sur les agents forestiers.

Titre X. Des peines et amendes. — Toute personne qui aura commis quelque délit dans les forêts et arbres épars, appartenant soit à la nation, soit à des communes ou à des particuliers, sera condamnée à une indemnité réglée dans les proportions déterminées ci-après, et à une amende égale à l'indemnité pour la première fois; l'amende sera double en cas de récidive, de quelque nature que soit le délit; le délinquant sera condamné pour la troisième fois à trois mois de détention, outre l'indemnité et l'amende triple; en cas de récidive subséquente, de quelque nature qu'en soit le délit, l'amende sera triple de l'indemnité et le délinquant condamné en outre à une détention, qui ne pourra être moindre d'une année, ou excéder deux ans.

Paiement de deux sous par livre en sus des amendes. Responsabilité des complices ou receleurs; confiscation des bois coupés en délit, instruments et bêtes de somme.

Nous n'entrerons pas dans le détail des peines encourues; pour les délits commis par attroupement de plus de 4 personnes ou de nuit; pour les crimes de violence, faux marteaux, arrachage de plans, destruction de limites, incendies de forêts, port de feu, coupe de futaies par un particulier, enlèvement de menus produits et pâturages.

Les pères et mères, maîtres et maîtresses sont responsables des délits.

Titre XI. De l'indemnité. — L'indemnité était calculée d'une manière assez compliquée qui rappelle un peu la méthode de l'article 192 du code forestier.

Titre XII. — Les traitements étaient payés sur le montant des deux sous par livre, et ordonnancés par le ministre des Finances; ils étaient les suivants:

Administrateurs...........................	12.000 l.
Secrétaire en chef.........................	6.000 l.
Conservateurs.............................	5.000 l.
Inspecteurs...............................	3.500 l.
Sous-Inspecteurs..........................	2.500 l.
Gardes....................................	400 l.

La rétribution des arpenteurs, établie par arpent, est laissée en blanc dans le projet de loi.

Outre les traitements ci-dessus, les sous-inspecteurs et gardes recevront, par forme de gratification, les deux sous pour livre qui seront recouvrés sur le montant des condamnations qui auront lieu d'après leurs rapports respectifs.

La discussion publique commença le 27 fructidor an IV; le représentant Besson lut un long rapport, qui se trouve *in extenso* dans le *Moniteur* (2e et 3e complémentaire an IV), rapport dont nous avons donné l'analyse plus haut.

Le représentant Boudin prit la parole dans les termes suivants : « J'ai toujours l'intime conviction qu'il est impossible d'organiser avec succès une Administration forestière, que les forêts nationales doivent passer par des aliénations entre les mains des particuliers, et que cette opération, loin de dégrader les forêts nationales, serait le moyen le plus efficace, non seulement pour les préserver d'une ruine totale, mais encore pour les conserver et les améliorer. Je me suis trouvé seul de cet avis dans la commission dont j'étais membre. »

L'orateur déclare qu'il ne veut pas développer son opposition, car le Conseil est pressé de voter la loi; il attribue les dévastations commises à l'abus de la Révolution, et à la faiblesse du salaire des Agents forestiers. Il fait ressortir l'impossibilité, où sera le Directoire, de faire établir les états de consommation. Le mesurage des forêts serait ruineux. Il rend hommage à la Commission et continue : « Dans cette matière on peut dire, la critique est aisée mais l'art est difficile.

« Heureusement, l'ordre se rétablit dans les forêts, et les dévastations n'y seront pas plus considérables que sous l'ancien régime, aussitôt que les Agents forestiers seront payés comme ils doivent l'être.

« Je demande que toute discussion sur les forêts nationales soit ajournée jusqu'à la paix générale. »

Pons de l'Aveyron trouve le projet de la commission inutile, inexécutable, ruineux ; il réclame la question préalable et demande que la Commission des Finances soit chargée de présenter un projet de résolution pour la vente des forêts nationales.

Couturier parle aussi contre le projet de la commission, et en propose un autre en 152 articles.

Le Conseil ajourne le vote de cette discussion et lève la séance. (*Moniteur* du 3, Complémentaire 4, page 1.451.)

La discussion recommença à la séance du 15 vendémiaire an V.

Besson reconnaît qu'en général les industries entre les mains de l'Etat ne sont pas prospères ; mais il est cependant indispensable qu'il conserve la propriété des forêts, car les abus de jouissance en amènent la ruine, et toutes les restrictions que pourra imposer une législation seront impuissantes, si les bois ne sont pas entre les mains de l'Etat.

Le particulier ne voit que son intérêt personnel ; s'il est dans la détresse, il coupera ses bois, quel que soit l'espoir qu'il ait de voir en augmenter le prix. Vendez une futaie de cent ans qui était aménagée à deux cents, l'acquéreur la coupera immédiatement. Les besoins de l'avenir seront sacrifiés à ceux du présent, car la vie de l'homme est courte. Avant la Révolution même, toutes les forêts vendues aux particuliers étaient immédiatement abattues. Ce n'est pas au moment où la Marine a besoin de bois qu'il faut vendre les forêts.

« Je demande, terminait l'orateur, la question préalable sur toute proposition, relative à l'aliénation des forêts. » Cette proposition est adoptée. (*Moniteur* du 19 vendémiaire an V, page 76.)

Besson avait ainsi sauvé provisoirement la situation ; il avait empêché tout au moins l'aliénation des forêts.

A la séance du 25 nivôse an V, la lutte recommença. L'ancien curé breton, Villers, qui, dans les discussions des diverses législatures, montra une compétence si grande dans toutes les questions économiques et financières, monte à la tribune.

Tout en applaudissant à la partie historique du rapport de la commission sur les dégradations des forêts, il s'étonne de ce qu'elle n'ait pas pris pour base de son travail l'ordonnance de Colbert de 1669 sur le Code forestier.

Cette objection, le lecteur l'a sans doute faite depuis longtemps ; mais ce fut le tort de toutes les assemblées de la Révolution, de faire table rase de tout ce qui existait, et c'est la cause principale de la stérilité de leurs débats.

« Il est incontestable, dit le représentant, que, depuis un siècle, Réaumur, Duhamel, Buffon, et d'autres naturalistes modernes ont répandu de nouvelles lumières sur la nature et l'amélioration des bois ; il est incontestable que des cultivateurs, des forestiers, des exploitants même, observateurs éclairés, ont fait aussi de nouvelles découvertes, et qu'ils ont dû en retirer une masse de connaissances infiniment utiles, mais tout cela ne détruit en rien ce qu'il y a de bon, je dis même de précieux, sur les parties de l'ordonnance de 1669 dont je viens de parler ; et qui empêcherait de distraire de cette ordonnance tout ce qui n'est point incompatible avec le régime républicain, de l'amalgamer avec les résultats nouveaux de l'expérience d'un siècle, et d'en former un corps complet d'Administration bien soutenu, bien détaillé dans toutes ses parties, et qui n'en aurait pas moins le mérite de la nouveauté ?

« Mais on a voulu tout détruire pour se ménager la gloire de tout recréer, et après avoir substitué à l'ancienne loi celle de 1791 et rejeté ensuite cette dernière pour en rétablir une meilleure ; après un travail pénible et ingrat de six à sept ans, on ne nous donne comme résultat qu'un code squelette, sans force ni couleur, et qui ne pourra jamais se soutenir que par une foule de décrets interprétatifs, à peu près comme il fallait autrefois recourir à des Arrêts du Conseil pour maintenir une loi mal digérée.

« Je sais qu'il se présente une ressource, d'étayer la loi qu'on vous propose par des instructions organiques et particulières, indépendamment des modèles des différents actes ; mais il en faudrait alors, pour chaque agent, mais encore pour certaines parties de Conservation et d'Exploitation qui ne sont pas développées ainsi que tout doit l'être dans un travail aussi important et aussi varié que celui-ci. Or je demande si un agent se trouvera aussi strictement obligé par des Instructions que par une loi et s'il ne doit pas regarder sa responsabilité sous un point différent dans l'un ou l'autre cas.

« Il n'y aurait donc qu'un moyen de compenser les défauts de détail qui se trouvent dans le projet de loi, et dont les instructions présumées ne seraient peut-être pas exemptes : c'est d'ordonner la stricte exécution de tous les articles des anciens Règlements, auxquels il n'est pas dérogé par le nouveau Code.

« Cependant je ne puis que le répéter, la refonte de ces deux lois en une seule serait infiniment plus simple et plus facile et non moins utile et commode à la partie administrative qu'à la partie administrée. »

Villers fait ensuite des objections contre les différents titres, objecions qu'il se propose de réduire à mesure que l'on discutera chaque article du projet.

Le Conseil ordonne l'impression de ce discours. (*Moniteur* du 28 nivôse an V, page 472.)

Je n'ai pas pu trouver dans le *Moniteur* la suite de la discussion ; il est certain que cette malheureuse loi forestière eut le même sort que les précédentes. Il semble qu'elle parut trop complexe aux législateurs qui n'osèrent la voter et qui adoptèrent un singulier moyen terme ; le 15 floréal la commission fut chargée d'élaborer un nouveau projet qui devait se réduire à l'établissement d'une administration préposée à la Conservation des forêts.

Ce fut le 25 floréal que Besson fit le rapport. Ce représentant, originaire du Doubs et qui était réellement compétent sur toutes les questions forestières, ne fut pas heureux dans ses propositions. Son rapport fut encore combattu. Après lui avoir reproché de faire trop grand, voilà qu'aujourd'hui on le blâme d'avoir restreint son projet. Voici comment le *Moniteur* résume les débats parlementaires.

Duchâtel, de la Gironde, déplore qu'on ait ainsi mutilé la loi, et qu'on veuille créer une Administration, avant d'avoir voté la loi qu'elle sera chargée d'appliquer ; c'est nommer un gardien à une maison qui n'est pas construite.

Le projet porte : « L'Administration centrale dirigera la conservation, l'administration, l'exploitation, l'aménagement, le repeuplement, les semis et nouvelles plantations de toutes les forêts et arbres épars, dans toute l'étendue de la République, conformément aux lois. » C'est donc conformément aux lois à faire et non aux lois existantes ; sans cela l'on n'aurait parlé que des forêts nationales ; au contraire, le projet s'étend à tous les bois, communaux et particuliers.

On dit que le Directoire doit produire un état des agents à nommer ; mais comment pourrait-on le faire sans connaître quelle sera l'étendue de cette administration, et croit-on que le Conseil des Anciens approuvera la création d'une administration qui devra exister et administrer conformément à des lois à faire ?

L'orateur demande que le projet soit complet. Il raille en passant ceux qui attendent les nouvelles places.

« Je demande qu'aucune discussion ne soit entamée qu'après que l'on aura traité et arrêté les parties qui doivent la précéder.

« J'estime que la discussion doit avoir lieu dans l'ordre suivant : Pour les bois nationaux : La conservation, l'aménagement, le repeuplement, les semis, les nouvelles plantations, les séparations et clôtures, les desséchements, les délits, la poursuite des délits, les peines et amendes; ensuite les bois des communes, ceux des particuliers, et enfin l'Administration, son organisation et ses dépenses.

« Je suis loin de demander que la discussion du projet de code soit ajournée. Ce code est attendu depuis trop longtemps; il est trop nécessaire pour que je ne désire pas que vous vous en occupiez sans aucun autre délai.

« Mais j'ai dû réclamer, et m'élever contre le désordre que l'on mettrait dans une discussion de cette importance, si elle commençait précisément par où il faut qu'elle finisse.»

(*Moniteur* du 3o Floréal an V, page 962.)

On le voit, malgré sa bonne volonté, Besson ne pouvait arriver à contenter tout le monde et le projet n'eut pas de suite. Cependant, la création de l'administration forestière, avant le vote d'une loi spéciale n'était pas un fait aussi ridicule que voulait bien le dire Duchatel; d'ailleurs ce fut ainsi que procédèrent les gouvernements suivants, puisque l'administration fut organisée en l'an IX et que le Code forestier ne date que de 1827.

Cependant, les dévastations continuaient et, de temps en temps, le représentant d'un département forestier faisait entendre un cri d'alarme; on s'empressait de renvoyer la plainte à la Commission forestière.

C'est ainsi que, le 16 brumaire an VI, le citoyen Beurdelay écrit au Conseil qu'un de ses amis, qui vient de parcourir les départements de l'Yonne, de la Côte-d'Or et autres circonvoisins, atteste qu'il se commet dans les forêts nationales des désordres affreux; qu'incessamment il sera difficile, pour ne pas dire impossible, de s'y procurer le bois nécessaire, si le Corps législatif ne se hâte de prendre les mesures nécessaires contre ces dévastations.

Sur la proposition de Fabre, la pétition est renvoyée à la Commission forestière avec invitation de fournir promptement son rapport.

(*Moniteur* du 20 brumaire an VI, page 201.)

Cependant cette question des forêts préoccupait toujours un certain nombre de représentants.

Au commencement de l'an VII le Conseil des Cinq-Cents nomma une commission chargée d'élaborer un nouveau projet de Code forestier.

Cette commission était composée des représentants du peuple Poullain-Grandprey, Gossuin, Stévenotte, Brémontier, Panichot, Mathieu, Boyer et Mallarmé, tous compétents en matière forestière : Brémontier paraît avoir été le célèbre ingénieur qui effectua les premiers boisements des dunes; Gossuin, employé dans les forêts de l'apanage d'Orléans, devint dans la suite un des administrateurs des forêts de l'Empire; les autres représentaient des départements forestiers.

A la séance du 22 pluviôse an VII, Boulay-Paty s'exprimait ainsi : « L'aménagement des bois demande la plus grande attention et exige les plus grands talents. Cette partie de l'Administration publique est la seule dans laquelle les erreurs et les fautes ne peuvent jamais être réparées par aucun effort humain. En général avec de l'argent et des bras on peut tout réparer, mais rien ne remplace la perte ou le mauvais emploi des bois.

« Toutes les richesses et les forces réunies de tous les hommes ne parviendront pas à créer un pied cube de bois; la nature, toujours sublime dans ses opérations, a besoin d'un siècle et demi de la vie des hommes pour les former. Tout a été dilapidé. Cependant la disette des bois n'est pas absolue. Le Doubs, le Jura, la Corse, et les forêts du Rhin peuvent remplacer ces bois qu'un préjugé antique nous fait tirer à grands frais du Nord.

« Voilà assez longtemps qu'on attend un code. Je demande que votre commission soit tenue de faire son rapport dans le plus court délai. »

Gossuin, le rapporteur, répond : « J'observe que le rapport de la Commission est tout prêt; je demande que la parole soit accordée au rapporteur duodi prochain. »

(*Moniteur* du 27 pluviôse an VII, page 604.)
Le projet fut lu à la séance du 16 ventôse.
Il fera l'objet d'un travail suivant.

Poitiers. — Imprimerie Blais et Roy, 7, rue Victor-Hugo, 7

www.ingramcontent.com/pod-product-compliance
Lightning Source LLC
Chambersburg PA
CBHW050408210326
41520CB00020B/6504